若
水
文
库

她说，说她

Her voice, her story

MOI LES HOMMES,
JE LES DÉTESTE

我，厌男

Pauline Harmange

[法]波利娜·阿尔芒热 著

一千度 译

新 星 出 版 社　NEW STAR PRESS

图书在版编目（CIP）数据

我，厌男 /（法）波利娜·阿尔芒热著；一千度译 . —— 北京：新星
出版社，2023.8

ISBN 978-7-5133-5273-4

Ⅰ . ①我… Ⅱ . ①波… ②一… Ⅲ . ①社会问题 – 研究 – 法国 Ⅳ .
① D756.58

中国国家版本馆 CIP 数据核字 (2023) 第 121669 号

我，厌男

[法] 波利娜·阿尔芒热 著；一千度 译

责任编辑 白华召		**责任校对** 刘 义	
责任印制 李珊珊		**封面设计** 冷暖儿	

出 版 人 马汝军

出版发行 新星出版社

（北京市西城区车公庄大街丙 3 号楼 8001 100044）

网 址 www.newstarpress.com

法律顾问 北京市岳成律师事务所

印 刷 北京美图印务有限公司

开 本 787mm×1092mm 1/32

印 张 3.75

字 数 47 千字

版 次 2023 年 8 月第 1 版 2023 年 8 月第 1 次印刷

书 号 ISBN 978-7-5133-5273-4

定 价 36.00 元

麻烦在于，我打心眼里痛恨为男人服务的任何想法。

——西尔维娅·普拉斯《钟形罩》

序

曾几何时，一个不知从哪里冒出来的年轻女孩，在这个深陷男权的时代突然发出了一句掷地有声的宣言："我，厌男。"我，厌男：寥寥几个字，半句亚历山大体诗①。她很喜欢用亚历山大体，这很法国。

曾几何时，一个看似同众多女性一样默默无闻的年轻女孩，选择勇敢地挺身而出，用影响深远的姿态与话语，促成了法国第四次女性主义浪潮的到来。暴力被揭发，感同身受的诉说接踵而至，新词

① 这句话的法语原文为"Moi les hommes, je les déteste"，共有六个音步，而亚历山大体诗歌每行诗句有十二个音节，因此文中将这句话形容为"半句亚历山大体诗"。——译者注

汇层出不穷，旧术语焕发新生，一切只为呈现眼前的现实，只为掀起那藏在鞋底的真相，无论它多么残酷。所有这些词汇都将为我们所用：未被命名的现象就会被当作不存在。

二十五岁的波利娜·阿尔芒热将"厌男"一词摆上了台面。这是一个谁都不愿提及的词，它像幽灵一样让人避之唯恐不及，通常只被人们用来反驳和压制那些叫嚣得过于激烈的女性。"对'厌男'情绪的控诉是一种噤声机制"，波利娜·阿尔芒热在《我，厌男》一书中这样写道。她并没有恼羞成怒，完全能够控制自己的情绪。

"厌男"（misandrie）一词源自古希腊文"厌恶"（misos）和"男人"（aner）的结合。《小罗伯特词典》（Le Petit Robert）中对该词的定义是："对性别为男的人士感觉到厌恶的事实，"并明确，"与'厌女'相对。"词典的解释通常是值得信赖的。但在这个词上，存在一个问题。"性别为男的人士"，意指在男性为主导的体制中天然获益的男人：这个世界属于他们，身处其中的其他群体也属于他们。

厌男是一种回应，并非针对绝对的男性性别。或许，词典应该这样阐述："对行使男性权力的人士感觉到厌恶的事实。"但这样一来，从词源上就说不通了。"权力"在古希腊语中是"cratos"，而"男权主义"（phallocratie）一词中的"phallos"意为"勃起的阴茎"。厌男者从根本上说，是在反对男权，并不是厌恶男人，而是厌恶塑造男人的社会和文化系统。厌男者真正鄙视的，是男人们野蛮地躺在特权环境中坐享其成。

相反，厌女者厌恶的，则是女性本身，其对女性的看法是完全生物性的：可以插入的器官，用于繁殖的子宫，会来月经的物种，手无缚鸡之力的群体。男权主义者认为自己天生高人一等，睾酮威力无穷，整个世界正是围绕他们那无法压抑的冲动来设计和构建的。厌男者关注的，是事实本身，具象且有数据支撑。这些事实往往还会叠加其个人的亲身经历。波利娜·阿尔芒热描写的是法国，一个到处充斥着奶酪和针对女性的暴力事件频发的国度。在法国，每九分钟就会发生一起强奸案，十个孩子中就有一个是家庭内性暴力的受害者，妇女平均两三天就会遭到伴侣或前任的拳打脚踢（这一频率还在增加）。96% 的强奸犯都是男性，但人们却在社交网络上指责那些在 "# 如何让男人停止强暴" 这一话题下发出正当求助的女性……

波利娜·阿尔芒热是莉莉丝的孩子。在民间传说中，莉莉丝是世界上第一个女人，亚当的第一任妻子。二人同为耶和华用泥土所造，地位相当。莉莉丝后来成为第一个奋起反抗说不的人，她也因此被逐出伊甸园。为避免同样的事情发生，耶和华从男人体内取出了一根肋骨，创造出夏娃。由于源自男性身体，夏娃自觉低人一等。而厌男者就是那些不断拒绝、不断被拒绝、不断反抗说不的女人。这个世界是由男权中心主义者、特权者和捕食者操控的。那些抓住每次时机说 "不" 的女性在他们眼中成了没有女人味的 "男人婆"，而这，正是男性凝视下的产物。

说"不",这就是我们当前正在据理力争的东西。反对、摒弃、消除父权制，为父权制祛魅。瓦莱丽·索拉纳斯[①]的幽魂并未走远，女巫们绽放着愉悦的笑脸，那是女性团结实现飞跃的时刻。"女性团结绝非毫无价值，它始终具有政治意义。"波利娜·阿尔芒热将厌男视作"出口"。我们愿意相信她的话。她在后记中事无巨细地讲述了这本书的出版经历。当看到在法国，一个女人将自己的书起名为《我，厌男》后都遭遇了些什么时，我们对自己说，是时候改变现状了。

克洛伊·德洛姆[②]，2021 年

①瓦莱丽·索拉纳斯（Valérie Solanas，1936—1988），美国激进女性主义作家，曾试图暗杀安迪·沃霍尔。——译者注
②克洛伊·德洛姆（Chloé Delaume），法国女性主义作家，此外还是编辑、音乐人和歌手。著有《我亲爱的姐妹们》《合成心脏》，后者 2020 年获美第奇奖。常以自身经历写入作品，被评价为"实验文学"和杜拉斯式自我虚构（autofiction）的结合，她的笔下有一种举重若轻的诙谐。个人经历传奇，其中包括但不仅限于改了名还改了姓，等等。——编者注

目　录

前言

Avant-propos

有一天，我在自己的博客上写道，我已经厌倦了男人们的懒惰以及对女性权益三缄其口的态度。很快，一位热心的读者便匿名给我留下了这样的评论："或许您应该反思一下，为什么男人们不想谈论女性问题。我有几种假设：是不是因为女性主义者对所有男性都有攻击性，甚至憎恶他们，除非他们表示'生而为男，我很耻辱！男人都去死吧！'？等到你们认清男女关系的本质那天……我们才会听你们说话。而在此之前，你们都是只知道抱怨男人的男人婆，这对你们的女权事业有害无益。"

这位先生用足够直白的话语批评了我的厌男情绪。我肯定不是唯一一个因为讨厌男人而屡遭非议的女人，很多女性主义者和女同性恋者都面临着这样的指控和羞辱，就好像质疑男性权力，不受所谓男性吸引力的影响，就一定意味着憎恶男性似的。

对"厌男"情绪的控诉是一种噤声机制，目的是阻止女性表达愤怒。但女性的这种表达，尽管有时显得暴烈，却往往都是合理的，是身为被压迫者的她们向压迫者表露的情绪。有人抱怨"厌男"，认为这是另一种形式的性别歧视，应当像"厌女"那样受到谴责（就好像对妇女的性别歧视真正被挞伐过一样……）。但事实上，女性长期遭受的性别歧视是在历史、文化及官方的推波助澜之下形成的，是一种如今已司空见惯的系统性压迫。企图将"厌女"与"厌男"相提并论，就是在不动声色地恶意掩盖性别压迫的形成机制。抱怨"厌男"，就是将憎恨男人的女人同憎恨女人的男人视作同样危险的生物，并且理所当然地认为女性不应该表现出敌意、怀疑或蔑视这样的负面情绪。

的确如此。在整个人类历史上，有一位男性从未伤害过一位女性的时候吗？说得更宽泛一些，有男性群体从未伤害过女性群体的时候吗？

在女性主义运动中，人们会习以为常地认为"厌男"是一个不存在的概念。首先，事实就是如此：我们系统中的任何环节都没有贬低和限制男人。其次，即使我们有时会"一竿子打死一船人"，毫无差别地批评所有男人，那也仅仅是玩笑和讽刺。你们看，事实上，我们对他们是很客气的。

那么，厌男有没有可能是必需的，甚至有益处的呢？我能理解大家为什么会拒绝承认这点。因为被戳脊梁骨，被看成一个又愤怒又极端、眼里只有恨的厌男者是很可怕的。毕竟，成千上万名女性即使罪不至死，也难逃遭火刑处死的命运。

但无所谓，让我来捅破这层纸吧，我就明说了：我，厌男。真的吗，你讨厌所有男人吗？是的，所有男人。一般来说，我对他们的评价都很低。这听起来很可笑，因为我好像没有任何合理的厌男理由。我甚至还跟一个男人结了婚，而且直到今天，我也不得不承认，我非常爱他。[①]

但这并不妨碍我思考为什么男人会是现在这副样子。他们暴力、自大、懒惰、懦弱。为什么身为女性的我们，不得不优雅地接受这些缺点（我更习惯称为"臭毛病"），而男人却还在不断地殴打、强暴甚至杀害我们？"男人至死是少年"（Boys will be boys），而女孩得变成女人，要学会与男人相处，因为在父权制这颗水晶球框定的狭窄命运里，我们逃无可逃。看吧，我们完全可以忍受他们那些五花八门的小瑕疵，因为我们别无选择。如果想要摆脱男性凝视，我们会被看成什么样的女人呢？荡妇、女同、歇斯底里的疯子。

厌男导致我们女权事业的动机遭到质疑，男人们似乎非常难以接受厌男情绪的存在：这可真是难以容忍的暴力啊，迄今为止导致的不可饶恕的

---

① 我的选择并非一蹴而就。身为一名双性恋女性，如果我没有早早开始同社会及自己周围的反同性恋环境进行斗争，谁知道今天的生活会是什么样子？

伤亡人数为……零。这些女性主义者的愚蠢行径、#MeToo 运动和胡说八道的东西，真是让当代男性举步维艰。他们都不知道该怎么调情，怎么跟女同事搭同一部电梯，怎么开玩笑了……他们还能说些什么、做些什么呢？

所有这类看似实实在在的担忧，我都无法共情。每当男人可怜兮兮地哭诉自己备受折磨的时候，他们都在鸡贼地逃避真正应该做的事，那就是拒绝成为父权制纯粹的既得利益者。

很奇怪，并没有很多男人反思过为什么女性主义者如此厌恶他们——不过他们如果这样做了，应该很快就会发现，厌男者的数量多到超乎想象。他们根本没时间反思，只是一味地想要向我们解释，说他们，绝不像我们认为的那样，说他们，和其他男性不一样，我们这样以偏概全真的不大好。而且，我们那句"男人都是垃圾"（Men are trash）已经把他们都得罪了，如果我们继续疏远他们，他们就不会加入我们的战线来帮助我们共同抗争。说得好像没了他们，我们就没法展开斗争一样，就像这么多年来他们都在帮忙出力一样。每当他们加入我们的反抗队伍，哪一次不是抢尽话语权，叫嚷得比我们更大声（有时甚至会中途搞破坏）？

我将厌男视作一道出口，一种存在于封闭路径之外的方式，一种抓住每次时机说"不"的方式。厌恶男人，不管是作为社会群体还是个人，都给我带来了许多快乐：这绝不仅仅因为我是一个疯狂的老巫婆。

如果所有女人都厌男，我们将组成一支盛大而又华丽的狂欢队伍。我们会意识到（或许一开始有些痛苦）原来自己根本不需要男人。我相信，这样一来，我们可以释放出意想不到的力量：它远远超越男性凝视与男权支配，凭借我们自己即可完全绽放。

厌男，阴性名词[1]

Misandrie, nom féminin

---

[1] 法语的名词分为阴性与阳性两种，"厌男"（misandrie）一词为阴性名词。——译者注

"厌男"是贯穿全书的词汇，因此我需要首先定义一下这个概念。我所说的厌男，指的是一种针对整个男性群体的负面情绪。这种负面情绪的形式十分宽泛，从单纯的不信任到敌意各种程度都有，通常表现为对男人不耐烦以及拒绝他们出现在女性空间当中。而我所说的"整个男性群体"，其中涵盖了所有顺性别男性，即社会化的男性，他们享受男性特权，从不或极少对此提出质疑（就是这样的，厌男是一个苛刻的精英主义概念）。

　　实际上，厌男是一种防御机制。长期以来被男人粗暴对待、伤透了心的我们，在充分吸收将父权制和性别歧视概念公之于众的女性主义理论后，自然而然地长出了铠甲，不再轻易信任男人，不再听得进去"不，他可是很体贴的"① 这样的鬼话。然而，男人只要不断展现和证明自己的体贴，便可以平复女性最极端的敌对情绪。但他的考验期永不会结束：这并非针对某位个体，只是因为放弃特权太难了，为所有像我们一样被剥夺权利的人积极奔走呼吁更是难上加难。总有男人会突然头脑发昏，在酒吧里强行骚扰某位女性，即使对方已经多次表示对他不感兴趣。总有男人会在不顺心的某天，啪，反复打断对方说话，并恬不知耻地发表一堆"直男癌"说教。为什么我们要对那些看似正确的男性持续保持警惕？因为任何人都有可能故态复萌，而那些顺性别、异性恋、富有而又健康的白人男性甚至更有可能如此。叠加在他们身上的特权实在太多了，他们怎么可能轻易改变。我们期待也能够有男性成

---

① 一个毫无科学根据的小观察：大多数情况下，当一个男人迫切想要证明自己体贴的时候，往往很快就会原形毕露。这有点像在性交中的表现，只不过更加明显：说得多的人通常都做得少。

为榜样，因为我们这些女人讲话是没人听的。我们不能让男人把事情搞砸了。

面对女性谈论厌男时，一个男人至少应该做到闭嘴和倾听。他会从中了解到很多东西，并最终获得成长。他或许会同意我们的观点，但注意，千万别落入低声啜泣着认错的男人布下的陷阱。没有哪个女人，尤其是厌男的女人，会愿意听到一个男人为自己享受的男权哭泣，企图扮演殉道者的角色。我到目前为止还从未遇到过一个声称自己厌男的男人。当然，如果听到有男人宣称自己是女性主义者，我可能也会持谨慎态度吧。女权斗士们本能地就会对这类声称站在女性一方的男人表示质疑甚至厌弃。我们中的大部分都不相信男人可能成为女性主义者，他们是不会为了被压迫方提出的理念而做出改变的。真正匪夷所思的是，那些自称女性主义者并大肆宣扬女性主义的男人，并没有如他们嘴上所说的那样"解构"自己的特权，他们只是轻浮地利用这样的立场和姿态来欺骗和愚弄周围的女性。我们早已见怪不怪的现象是，一个男人只需付出些微努力便能够收获无数夸大其词的赞誉，而女人们往往在达到难以置信的苛刻标准之后依然一败涂地。我们不能再冲着那些只是早点下班路上顺便接孩子放学的男人们歌功颂德了，这并不是什么大不了的成就。别忘了，身处相同社会状况下的女性，无论她们做什么、怎么做，都会成为被指着鼻子评头论足的对象。

请注意，我并不是说男人不应该对女性主义感兴趣。理解女性在抗争些什么并表示赞同，这种态度本身是具有价值的。我批评的点在于，他们关注的还远远不够，或者说他们的出发点是不对的（比如只是为了引诱女性主义者，他们自己无法身体力行）。在"理解系统性的压迫机制，辨认个体在系统中的位置"和"将这种压迫机制为己所用，并从中收割利益"之间，存在着巨大的鸿沟。我们要求男性恰如其分地利用自身力量与特权：比如监督周围其他男性的行为举止，而不是对女性的抗争方式指手画脚。我们要求男性管好他们自己。不对，我们实际上是在要求男人学习一下少占用公共空间。他们并不是主角，他们必须慢慢习惯这点。

我时常将厌男和女性主义画上等号，这是因为在经过好几年的女性主义思想浸淫后，我最终形成了这种对男人的敌意。我敢于承认这一点，也不再假意掩饰，甚至面对自己亲近的男性朋友时也是如此。我认为，是长期实践女性主义后所达到的自信和坚定让我走到了这一步。我们变得愈加果敢无畏，因为女性遭受暴力[①]的统计数据正透过社会学棱镜得到剖解与分析。我们意识到，那些总是被降级为亲密和个人交往范畴的关系，还拥有其政治维度与系统特质。我们女人不是只会头脑发热、小题大做的。

我们终于意识到，自己并不是一个人。很多

---

①包括身体暴力（袭击、侵害等）和抽象的暴力，如一个被普遍接受的观点是，女性不具备成为优秀领导者的精神状态和必要能力。

女性都曾在街上遭遇过口哨挑逗，都曾被以为是同道中人的男性攻击，都曾被要求"好好操持家务"。那些令人难以忍受的局面并不是我们个性脆弱或过于强势造成的，而是根深蒂固的不公使然，我们每一个人都是当中的受害者。

我从好几位女性朋友和熟人身上观察到，她们对于女性主义和厌男都有着相似的认识。"法式"女性主义者（即非常热衷于讨论其他国家中存在的性别不公问题，但倾向于认为法国的情况还算乐观，没什么好抱怨的）在初期阶段极少真正重视这波浪潮，她们是在不断了解和挖掘真相的过程中，逐渐被全球各地发生的事件激怒，进而产生共鸣的。随着认知的深入，她们无法再对男性及男子气概坐视不理，她们意识到，这是整个社会的问题，更是全体女性面临的困境。于是，她们成了厌男者。因为她们别无选择，在深刻了解大部分男人的平庸之后，她们再也找不到"闭眼吹"的理由了。

与男人结合

Maquée avec un mec

一天，我跟一群女性朋友聊天，大家谈到有些男人居然问都不问对方是否真的对他们满意，就敢大言不惭地宣称自己是多么优秀的伴侣，真是奇怪。我忍不住说了好几遍"男人都是垃圾"。其中一位朋友大致是这么回怼我的："得了，说真的，别再说屁话了。你说得倒是轻巧，难道你老公就刚好是完美的吗？别再吹牛了。"当时，我哑口无言。我被一针见血地打成了伪君子。

然而，可以肯定，如果变回单身，我将很难再同某个男人开启一段新的关系。我绝对不会再有精力从零开始与一个陌生人相处。如今的我也很难再容忍从前那些自己看起来稀松平常的事情——仍有很多男性（和女性）至今觉得一切都是理所当然的。那些都是我和伴侣协力摧毁的东西。

我认识那个后来成为我丈夫的男人时，还没满十七岁，完全没想到要有所谓的厌男念头。当时的我将男人的目光看得无比重要。我认为只有男人的意见才是最有价值的：我被夸过无数次漂亮（或者聪明，但还是不如漂亮管用），但除了父亲之外，没有任何男人对我说过同样的话，因此我一点儿也不相信自己漂亮。我是不是够苗条，穿衣是不是有品位，能不能有一天赢得男人的青睐？我在内心深处告诉自己，答案是否定的，我很可能孤独终老，永远不会遇见爱情。我的脑子被不断灌输给小女孩们的各种浪漫爱的故事塞得满满当当，我自己无疑是其中的悲剧角色，但印象中同年龄段的男孩们也只是到处拈花惹草，宣扬对性的渴望（我并没有太强的欲望，但如果非得这样做才不至于被弃如敝履，那好吧，我猜我也会这么做的），而根本没把爱放在眼里。这正是所有年轻女性需要提防的：

所有年轻男孩翘首以盼的事情中并不包含感情。

　　我很走运，遇到了一个在性方面对我没有要求的男人。他不怕承认，自己也想要寻找爱情。十七岁的我并没有那么爱自己。我曾近距离交往过几个很讨厌的人（而且普通得不得了），有时自己被伤害了还浑然不觉。那时的我显然不是女性主义者。我甚至还没有形成多少完全属于自己的思想和观念。我的丈夫跟我情况一样：我们共同完成了自我建构和自我解构。从那以后，我们的世界观也变得越来越统一。

　　但我必须诚实地说（这并不是在打脸）：我的丈夫并不完美。他没有强暴我，也没有殴打我；他会洗碗、吸地；他尊重我。但，这就叫完美吗？这不是最低要求吗？我们的标准是不是低到男人弯腰即过的地步了？

　　请仔细听好：我也不是完美的。没人是完美的。我只是认为，女人为取悦伴侣所做的努力鲜少得到同样的回应。

女人们会去做心理咨询，会看书学习如何将生活安排得井井有条，如何做到宁静祥和、性生活和谐美满。我们分享精神世界，积极对话交流。我们定期运动、节食瘦身。我们整造型、做美容。我们不断进修，适时调整工作。我们八面玲珑，游刃有余。女人，在夜以继日地追求完美。

　　看着身边的瑜伽垫、手机里的冥想App、两种疗法、非暴力沟通书籍以及情绪过激控制法，我感觉自己就是个典型。我不停地给丈夫解释非暴力沟通原则，希望双方能够以最理想的方式表达异议，不要陷入暴风骤雨般的争执当中。他应该也读过我买的那些书。甚至，更夸张的是，在发现我们之间的冲突没有得到妥善解决时，他还会先下手为强，自己再提出一套解决方案！但事实并非如此简单。扛起夫妻关系中情绪重担的那个人，始终是我。这是女性不得不面对的。因为在一段异性关系里，女人是唯一需要学会如何处理矛盾的那一方。男人当然也可以学习，但那就像学一门外语一样，成年后再想学会就十分困难了；再说，面前不是已经有个女人在倾尽全力地说一门外语了吗，男人还费那个劲干什么？

现在的我，尽管非常爱自己的伴侣，也从未想过同他分开，但依然在不断思考和表达自己对男人的敌意。他当然也属于男人的行列。这没什么好奇怪的，生命本就复杂，我可以同时体验特殊性与普遍性。

一方面，我每天都在见证这个男人作为个体的人性特质，也能看到他的努力。这些努力有时远远不够，有些进步有时相当艰辛，但都是值得的。我总在批评他坐等我给他普及简化过的男性特权概念和反思，而且他在改正自身男性缺点方面做得也不够——固执地打断对话，拒绝承认错误，不善倾听，无法在我恐惧流泪时提供足够的支持——所有这些都同男子气概密切相关。

我拒绝承认他保持普通（他是个男人，而男人都是这副样子）的权利，因为我想要为自己，也为其他所有女性赢得同样的尊重，我希望我们同男人之间的关系是真正平等的。

但我并没有生活在与世隔绝的泡泡里。我每天还在见证男人对女人极度的漠视。我看到强暴、骚扰以及杀害女性的数据，我刷到社交媒体上的争论不休，我听到身边男性的反馈。还有男性政治家们做出的决定，男性艺术家们谈论女性时的用词，以及至今还能引发哄堂大笑的性别歧视的段子。我发觉，在每一个对自身男性特权稍有意识的男人背后，都有好几个女人费尽心力地帮助他睁眼直视问题，但认识到这点的男人还是太少了。除此之外，还有许许多多的男人依然令人绝望，他们选择冥顽不灵地紧闭双眼或干脆当睁眼瞎。

歇斯底里的厌男怨妇们

Misandres hystériques et mal-baisées

女人很难主动宣称自己厌男。每当提起厌男这
个话题，她们总会添上很多附加条件，并且突出讽
刺的语气。她们不断声明自己只是在开玩笑，不是
真的讨厌男人。因此，父权制导致的系统性压迫与
厌男者造成的轻微自尊伤害之间，有着天壤之别。
厌男的我们并没有伤害到任何人。何况我们并不是
真的讨厌男人，因为他们毕竟是我们的伴侣、兄弟、
父亲、同事和朋友，我们很爱他们。

　　但即便如此，我们依然很难用力地大声说出自
己对男人的普遍敌意和不信任，就算在女性主义氛
围很浓郁的圈子里也不例外。

　　首先，我们从女性主义的视角扪心自问：厌男

是不是只会适得其反？会不会损害我们的事业，给敌人和反对者们留下把柄，让他们认定女性主义者都是歇斯底里、无理取闹、小肚鸡肠的怨妇？与所有男人为敌，对我们到底有什么好处？我们难道不希望与他们结为盟友吗？

接下来，再从女性视角来分析个中艰难。冲突和愤怒并不是我们生来就擅长的工具和情绪：我们从小女孩开始就被教育要顺从听话，长大后要成为温柔体贴的女人。直截了当地宣称自己讨厌男人，这无疑是在表达超越女性个体愤怒的愤怒，必将使自己暴露在冲突之中。因为我们就身处这样一个对男人的恶习甚至罪行无比宽容的社会，男性个体并没有准备好听到这类埋怨。

针对上面这些合理的疑问，我有几点可以回复。

首先，我们真的需要得到别人，尤其是那些抱怨我们叫嚷得太厉害的男人的赞同，才能证明我们主张的合理性吗？厌男情绪导致部分男人难以忍受我们的怒气而选择敬而远之，他们真的不是在小题大做吗？他们真的值得我们烦心吗？有一部分男性已经愿意聆听，他们想要了解为什么我们同他们之间的关系出现了偏差，为什么他们的特权需要被解构。他们不会在一听到我们说"男人都是垃圾"的时候，就立刻惊声尖叫。他们能够理解，甚至表示赞同。他们，才是我们的盟友，不是那些为了自己爬到女性主义运动台前而拼命排挤我们、无法忍受我们对其错误行为指责的男人。

人们常常混淆愤怒和暴力，其实这两者并不总是相互关联的。遭到歧视后爆发的愤怒，与男人羞辱、强奸和杀害我们时的暴力程度根本没有可比性，甚至都比不上男人无视、背叛和指着鼻子嘲笑我们的杀伤力。摆脱温柔平和甚至近乎被动的女性角色束缚，积极要求男性改善自我，这对我们才是最有利的。

为此，无论在线上还是面对面的线下生活中，我都不再急于向任何人澄清：不，我不是真的厌男，我只是在幽默地开玩笑。这样一来，我永远都不可能敢于说出：我们的生活如果没有了男人的影响，甚至没有男人存在，将会变得多么美好。事实上，当我说自己厌男时，完全没有在开玩笑。那为什么要口是心非呢？我不想再浪费时间和精力去装出一副温柔热情的模样了。我或许根本就不是那种性格的女人……而且说到底，不温柔又有什么大不了的。

讨厌女人的男人们

Les hommes qui n'aimaient pas les femmes

根本无须宣称厌男，你对男性群体的批评方式只要稍有不尽如人意的地方，便会遭到数不清的谴责。你只要概括性地谈论他们，只要说的是"男人"，而不是"某些男人"，即使你觉得自己说的就是个普遍性的问题，也无法被接受——恭喜你，你就是个厌男的女人了！而一旦被贴上"厌男"的标签，你就不可能比厌女的那些人好多少。在大众的理解中，厌男和厌女就是一枚硬币的两面，二者都是性别歧视。我想这大概是词源学造成的误解：这两个词拥有同样的词根，当然就代表完全相同的理论啦，难道不是吗？当然不是，因为生活就是这么爱捉弄人呢。

厌男的特点是讨厌男人，厌女的特点是讨厌女人。但我们必须承认，事实上这两个概念并不相同，二者无论在对人造成的危险程度上还是在表现方式上，都大相径庭。（大家别忘了，厌女的行为范畴宽泛到可以覆盖从线上骚扰到谋杀的各种程度，比如 1989 年极端仇女主义者在蒙特利尔理工学院大开杀戒的那起惨案①，时至今日没有任何厌男行为可以与之相提并论。）我们不能将厌男和厌女相提并论，很简单，因为前者正是对后者的回应。

除非对周围的一切熟视无睹，或者心中丝毫不存善念，否则我们根本无法否认，女性遭受的种种暴力在绝大多数情况下都是男性所为。这不是主观臆断，这是事实。这个社会之所以父权当道，正是

---

① 1989 年 12 月 6 日，极端仇女主义者马克·勒平（Marc Lépine）携带步枪和猎刀闯入加拿大蒙特利尔理工学院，杀害二十八人后自杀。这场屠杀极大刺激了加拿大的妇女运动，被视为针对女性暴力的标志性事件。1991 年，加拿大联邦会议将每年的 12 月 6 日定为全国纪念及消除针对女性暴力行动日。——译者注

因为有一部分男人滥用自己的男性特权，侵害这世上另一半人口的利益。有一些暴力是隐性的，如同女性日常生活中的背景噪音，尽管有毒，但似乎生来如此，让人感觉是男女关系的常态。还有一些暴力是显性的，有时甚至会演变为报纸头条。

2017 年，在受到伴侣死亡威胁的人当中，90% 都是女性。① 同样是在 2017 年，惨遭伴侣或前任伴侣谋杀的受害者中，86% 是女性。此外，在共计 16 名杀死伴侣的女性中，至少有 11 位，也就是她们当中的 69%，本身就是家庭暴力的受害者。② 2019 年，共有 149 名女性被伴侣或前任伴侣杀害。

就 2018 年这一年来说，因家庭暴力被判刑的人中，96% 为男性；因性暴力而被判刑的人中，

---

① 男女平等高级委员会：《数据参考》。参见：http://haut-conseil-egalite.gouv.fr/violences-de-genre/reperes-statistiques/
② "停止对女性使用暴力"（Stop Violences Femmes）：《女性遭受暴力行为参考数据》。参见：https://stop-violences-femmes.gouv.fr/les-chiffres-de-reference-sur-les.html

99% 为男性。①

尽管男性遭到性侵的相关数据很难找到，性侵和强暴的受害者确实不止女性。② 男性深受刻板印象之苦，人们普遍认为男人是不可能被强暴的，因为他们似乎时刻都能准备好发生性关系，因此惨遭侵犯的男人通常只能三缄其口。男人甚至对强迫性爱造成的创伤也很难启齿：在我们的社会认知里，男人都应该是强壮且富有男子气概的，绝不可能被强迫做任何事，否则他们就不是"真"男人。强奸案中有一大部分都是针对未成年人的犯罪③，施暴

---

① "停止对女性使用暴力"：《女性遭受暴力行为观察所报告函第 13 期·2018 年 11 月》，2018 年 11 月；《2017 年法国家庭暴力及性暴力行为》。参见：https://www.stop-violences-femmes.gouv. fr/IMG/pdf/violences_au_sein_du_couple_et_violences_sexuelles_ novembre_2018.pdf

② 有一套英文书籍讲的是关于监狱中男性遭到性侵的事件，侵犯者有同监狱的罪犯，也有监狱工作人员（其中也包括少量女性）。由此可见，强暴也是一种权力的较量。

③ "停止对女性使用暴力"：《家庭暴力及性暴力行为：2018 年度数据表》，2019 年11月。参见：https://www.stop-violences-femmes. gouv. fr/data/Synth%C3%A8se_Violences%20au%20sein%20 du%20couple%20et%20violences%20sexuelles_novembre%20 2019.pdf

者依然是男性占压倒性比例。① 事实上，无论基于性别的暴力还是性暴力，无论其受害者是男是女、是老是幼，我们必须反复强调的是，施暴者中男性始终占绝大多数。

如今一个显而易见的现象是，鲜少有男性主动开口承认自己厌女或者性别歧视。他们甚至还会为自己辩解一番，常常用难得一见的口才振振有词地矢口否认："我？性别歧视？我家里可是有一个老婆、两个女儿、两只母猫和二十只母鸡的呀。我在家里面对的全是女性。"② 众所周知，只要经常同女性相处，就可以自动洗脱一切性别歧视指控……男人要是宣称自己厌恶女人（或是要求她们文静顺从），一定会遭到白眼。因此，我们并不容易辨识周围的厌女者，毕竟他们都不会张扬。但我们可以

① 环球百科：《恋童癖：法国恋童现象数据》。参见：https://www.universalis.fr/encyclopedie/pedo-philie/5-donnees-statistiques-du-phenomene-en-france/
② 蒙托邦市副市长菲利普·法桑（Philippe Fasan）2017 年因其在 Facebook 上发帖被控性别歧视后所说的话。

断定的是，一个骚扰、殴打、侵犯甚至杀害女人的男人，一定对女性缺乏尊重。同时也可以确认，一个认为骚扰、殴打、侵犯甚至杀害女人这种行为不算什么大事的男人，同样是厌女的。最后，如果一个男人认为父权制并非现实而仅仅只是女性主义者的臆想，那他就是性别歧视系统中的一员。

有时候，看似对某种现象一概而论的描述，其实只是在呈现简单的事实而已。这种情况下，我们就应该大胆地以自我为中心。当我们不愿再隐瞒对男人的厌恶时，不要畏首畏尾地只是回击一句"并不是所有男人都是强奸犯！"。并不是所有男人都是强奸犯，但强奸犯几乎都是男人，而几乎所有女人曾经遭遇或即将遭遇的暴力都来自男性。问题就出在这里。我们的一切厌恶、不安和质疑都源自此处。

问题还在于，有些男性虽未实施过强暴，但依然坚持我行我素，依然对症结视而不见。

他们仍未承担起属于自己的那份精神压力。到了二十一世纪的今天，我们女人依然独自承担家务、育儿以及维系所有关系的情绪劳动。他们独霸公共空间，将它当成客厅的延伸，不给我们留什么余地，然后心满意足地看着我们被无足轻重地略过。[①] 他们拒绝与我们对话，不停地打断我们，把他们的观点强加给我们，歪曲我们，只为符合他们自己的需要，或者索性对我们极力要说的东西充耳不闻。

他们开着充满性别歧视的玩笑，前仰后合，只因自己丝毫感觉不到伤害。他们会说我们是自找的，说他们猜不透女人，说有时候女人的"不"其实意思是"是"。

只要稍加思索，我们就能找到一大堆厌男的理由，它们无不拥有大量事实作为支撑。可男人为什么厌女呢？千百年来，他们一直坐享优势地位，

① 雷纳德（Renard, N）：《权力的属性及其对女性的剥夺：性别与空间》，2012 年 4 月 9 日。参见：https://antisexisme.net/2012/04/09/le-genre-et-lespace/

我们女人又做了什么，要一次又一次地遭受他们的暴力？

厌男症有具体的目标，但它并不像厌女症那样几乎每天都在产生数不清的新的受害者。[①] 我们没有杀害或是打伤过任何男人，我们没有阻止任何一位男士拥有自己的工作和爱好，我们向来允许他们随心所欲地穿衣打扮、深夜逛街、侃侃而谈。如果真的有人甚至认为自己有权将上述那些枷锁强加到其他男人身上，这个人肯定也是个男人，这同样属于异性恋父权制的体现。

我们这些厌男者并没有越界。我们厌恶男人，不过就是继续用冷漠的态度容忍他们，毕竟他们无处不在，我们只能适应（或许难以置信但这就是事实：原来我们可以憎恨某人，却又不至于产生无法抑制的将其杀害的想法）。最糟糕的情况也只是，

①被伴侣或前伴侣杀害女性 [Féminicides par (Ex) Compagnons] 组织自 2016 年 1 月以来一直在进行受害者统计，参见推特账号 @FeminicidesFR。

拒绝让他们进入我们的生活，或是提前严格审慎地甄选一番后才会接受某个男人。我们的厌男情绪让男人十分恐惧，因为这就意味着他们从此也需要通过努力才能赢得我们的尊重了。跟男人建立联系绝不是我们单方面的责任和义务。就像所有的平等关系一样，所有参与方都必须有所付出，彼此尊重。

只要还有厌女的男人，只要男人在两性关系中依然袖手旁观，只要社会还在接受和鼓励这样的男人，就会有心灰意冷的女性不断涌现，她们将异口同声地拒绝在令人筋疲力尽，有时甚至危险重重的两性关系中充当代价。

女性愤怒的呐喊

Que rugisse la colère des femmes

我小时候应该并不是个常常发脾气的女孩子。也许婴儿时期会闹，但在小女孩阶段，别人都说我非常乖巧文静。我想，这大概是因为自己很早就被教育不准发脾气。我周围没有任何女人是一副怒气冲冲的样子，小女孩们也不会这样。所谓"任何女人"，当然不包括母亲冲孩子大呼小叫的情况。母亲这种特殊的怒气源自一套复杂的系统，育儿任务分配严重不均导致她们在其中承受了太多的精神压力，所以相比父亲而言母亲更容易发火，父亲通常只会出现在其乐融融、共享天伦的场合。

　　而我的母亲，就是个深谙发火之道的女人。她会毫不犹豫地拿起电话打给互联网供应商，用从容且冰冷的语气解释故障、说明需求，直到问题得以解决。她敢用这样的口气面对任何无良商贩、作弊抵赖的学生（她是老师）、刻薄的同事……我将这种冷静的语气称为她独有的魔法。等我走入社会，发现自己面对欺骗时完全不敢用同样的语气大胆维护自身权益时，才意识到她拥有的是如此强大的力量。

但与此同时，当与关系亲密和重要的人（比如她的丈夫，也就是我的父亲）发生冲突时，我感觉母亲就很难表现出愤怒了。那时的她就会像我一样，低声抱怨，然后默默流泪。尽管情绪从愤怒到痛哭逐步升级，最终却起不到任何作用。至少，在我眼里她的情绪变化就是这样的，因为我自己也常用这一招（面对自己的丈夫），而这种方式注定达不到任何实质性的效果。这或许是因为我们很难向自己朝夕相处的爱人表达责备和批评；也可能是因为我们本就很难向一个男人表达责备和批评。

男人的愤怒是相当惊人的。它们表现为吼叫，甚至是拳打脚踢。大多数时候，他们会对身边的物品下手，但对自己伴侣施暴的情况也并不鲜见。总而言之，男人的愤怒充满攻击性。人们鼓励男孩表达愤怒，并予以回击，认为这样总比像个女孩似的哭哭啼啼要好得多。在电影和日常生活中，当一个男孩在学校里被另一个男孩羞辱、嘲笑或是殴打时，他的父亲或"老大"就会怂恿他以暴制暴：男孩子就应该这样自卫。

上初中时，有个很讨厌我的女生某一天莫名其妙当众打了我一耳光，接着转身扬长而去。如果我俩是男孩，周围的同学一定会让我打回去，最终演变成一场司空见惯的课间操场斗殴。但我们是女孩，无论是青少年还是成年人，在面对来自一个女孩的暴力行为时，大家通常只会在短暂的震惊过后劝说你忘掉刚刚发生的一切。我完全没有想过要冲上去还那个女孩一巴掌。我觉得被人家这么讨厌是一种耻辱和悲哀，但我没有愤怒。

我们被灌输的这类应对模式在两种情形下都存

在危害：当遭遇不公或发生冲突时，无论是鼓励男孩诉诸暴力，还是强迫女孩被动忍耐，于人于己都不是恰当的方法。那么，怎样的方式才能帮助孩子们自我重建呢？

我是在很久之后成为女性主义者时，才发现愤怒便是解决之道。我常常会有这种感觉：在那些让我哭泣的事情面前，我本该是要呐喊出来的；当我在冲突中因不公而选择悲伤地哭泣时，其实在某种程度上我就已经认输了。因此，为了捍卫自身利益，我选择了改变：我学会了反击。这并不是说所有的冲突都是一场剑拔弩张的战斗，但的确有一些值得我们为之一搏。不出所料，我从开始表达愤怒的那天起，便不断遭到指责。

亲密关系中男女伴侣之间的争执就是不同社会化场景轮番登场的典型舞台。有的人在冲突发生时不知不觉就会提高嗓门，因为听到对方指责自己是很难保持心平气和的，何况两性关系中的女人本来就没有什么表达愤怒的更好方式。要是我们一边流眼泪一边将对现状的不满和失望发泄出来（我就倾向于这样做），就会被指责过于情绪化、简直是小题大做。而如果我们大发雷霆，将问题一清二楚地摆明白，并要求改变现状，又会被指责为咄咄逼人；对方不但会对你置之不理，还要摆出那句陈词滥调："你这样大吼大叫，我什么都听不清。"每当事后我们再同当事人讨论，往往会得出的结论是，异性伴侣争吵，大部分情况下挑头的都是女方。那么，与其将个中缘由归因于女性天生更喜欢耍小性子，我们是不是更应该了解一下这些冲突究竟因何而起呢？这样一来，人们就不难发现，引发冲突的缘由是我们希望调整某些失衡的状态。比如在面对精神负担时，又比如男人对妻子说的话充耳不闻时，这些都有可能使女人无计可施，只好提高音量。批评女性是不和谐关系的始作俑者，这样的做法不但掩耳盗铃，而且显然是一种性别歧视。

冲突本身并不是坏事。当然，它可以说明一段关系中存在问题，但同时也表明了大家愿意将问题摊开来解决。当冲突发生在伴侣之间，起因又是家庭琐事，那么往往是陷入困境的女方率先拉响警报，而男方总是选择关注表象（哭泣或吼叫）而对问题的本质避而不谈。这是一种拒绝倾听批评，进而拒绝直面矛盾的态度。那些选择站在理性立场上对抗情绪表达的男人，将自己置于权威地位。只有处于绝对优势的一方才能够在任何情况下都始终保持理性和平静，因为饱受折磨的并不是他们。不理会对方的情绪表达，就是他们做出的选择。他们并不想了解冲突的真正起因，也拒绝承认自己可能应该对此负责。

当然，并非所有异性情侣之间的争端都源自精神负担或是情感压力，也不是所有男人都会在面对女方批评时捂住耳朵。我也从来都没有说过，女方在一场冲突中是毫无过错的。

但这类让女性苦不堪言的"鸡毛蒜皮"不断出现在人们的视野中：关于女性主义者与男性伴侣之间关系困境问题的 Instagram 账号——如女性主义

活动家科琳娜·夏彭特（Coline Charpentier）创建的 *T'as pensé à ?*（你想到了什么？），旨在详述精神负担带来的重重压力——以及媒体文章①，等等。这些压在我们身上的重负并非像身边男士们所说的那样出自臆想——他们有时还会有些针对我们的"杂音"，要求我们默默忍受，不要兴风作浪。

厌男脱胎于愤怒，并由愤怒滋养壮大。女性主义者一直以来都将属于家庭空间的个人愤怒同公共愤怒联系在一起，"个人的就是政治的"，从同工不同酬到家务劳动分配不均，都是我们愤怒的对象。然而，在很长一段时间里，我们女人的愤怒都无法以女性主义之名宣泄出来，因为人们真的很讨厌过度释放的情绪，尤其当这类情绪来自女性群体时。我们经过长期努力，才使得女性的愤怒重新得到尊重。女性愤怒终于开始被正名，终于逐渐摆脱束缚

---

① 勒波尔图瓦（Leportois, D.）：《伴侣还是信仰：异性恋中的女性主义者难两全》，2019 年 10 月 7 日。参见：http://www.slate.fr/egalites/le-feminisme-lepreuve-du-couple-hetero/episode-1-repartition-inequitable-taches-genre

了数个世纪的禁忌，比如探讨这一主题的书籍开始出现①，人们开始寻找其根源，将其同男性愤怒相对比。女性愤怒是真实存在的。我们要珍惜女性愤怒赢得的声音，在我们的胸膛燃起要求公正与改善的熊熊怒火，拒绝逆来顺受。我们的愤怒可以促使男人对自己的行为负责，更能终将推动女性主义革命实现飞跃。

---

① 在此仅列出一部：热纳维耶芙·莫朗（Geneviève Morand）和纳塔莉-安·鲁瓦（Natalie-Ann Roy）主笔的《释放愤怒》(*Libérez la colère*)，Remue-Ménage 出版社 2018 年版。

像男人一样普通

Médiocre comme un homme

我发现即便向男人发飙，自己依然无足轻重，依然处于完全的劣势地位。应该拿我身边这些普通的男性怎么办呢？把他们直接扔进不可回收垃圾桶会不会导致我的人生出现无法填补的空洞？除了前往深山老林隐居之外，还有什么别的解决方法吗？

　　独家爆炸新闻来啦：人类世界里不只有男人。难以想象的是，他们居然成功地让所有人都相信，他们是无处不在、不可或缺的。没什么好担心的，赶走一大拨男人后，我们就会发现，身边有这么多非常优秀的女人（我们自己就是啊），只是聒噪、碍眼又总爱刷存在感的男人遮住了我们发现和欣赏她们的眼睛。

日常被男性自我膨胀淹没的我们常常忘记自我的重要性，这真是匪夷所思。他们或许并非人人都居心叵测，但我们很难与早就印刻在脑中的观念相抗衡，总会倾向于认为男人的意见，哪怕只是个匆匆路过的陌生男人的意见，都比我们自己的想法更加重要。即使在我们自以为平等的亲密关系里，很多女性也更愿意努力检视自我、顾虑自己的外在形象，只为取悦身边的男人。我们会购买那些花枝招展但并不舒适的服饰，只为在伴侣眼中"保持吸引力"。我们重复过无数遍要将喝剩下的牛奶放进冰箱，毕竟我们不是他妈①，也懒得为同样的小事抱怨个不停，但如果他们"屡教不改"，我们依旧选择

---

①这种说法在异性恋关系中出现得非常频繁，真是有意思。这是女性面对无法自理的"妈宝男"时发自内心的呐喊，是对许多男人在成年之后仍未能摆脱对母亲角色依赖的嘲讽。但与此同时，这种说法将错误怪罪到母亲身上，指责她对孩子的教育并不到位。父亲是怎么做的呢？有能力负起自身责任的成年男人又是怎么做的？

忍气吞声。我们总是在交流时忍住不去反驳男人，以免令对方陷入尴尬，或是单纯是我们对自己的观点不够自信。我们常常对让自己不舒服的性行为违心地表示认同，只为了给亲密关系增加些刺激。又或者走向另一个极端，对自己的性欲避而不谈，抛弃一切幻想，以免破坏女性所谓的矜持形象。

当无法按照内心欲望和思维理智的指引行事时，我们根本不是真正的自己，我们只是依着一群出现在我们生命中的男人的意见在过活。

不知从何时起，我开始信奉一位伟大智者所说的名言："要像普通男人那样地自信。"① 每当自我怀疑时，我就会想到所有那些普通的男人②，他们只需故作傲慢地变个戏法，转动一下神奇大转盘，就能让自己的普通摇身成为高能。这份玩弄花招的胆量可谓男人的一大特色，也与我们女性的"冒名顶

---

①出自黑人专栏作家莎拉·哈吉（Sarah Hagi）2015 年在推特平台上所说的一段话："日常为对抗冒名顶替综合征祈祷：上帝啊，请赐予我普通白人男性那样的自信吧。"
②你们一定知道我说的是哪些男人。

替综合征"① 形成鲜明对照。让人愤愤不平的是，每次面对面输出观点时，我们总是被恐吓说数据搞错了吧，如果没有在某个问题上查找足够多的资料就没资格开口，或是说我们在某个职位上没有足够的理论和实践经验。而那些普通的男人仅仅凭借满嘴喷粪和盲目自信就抢去了原本属于更优秀的女性的位置，这真是叫人气不打一处来。就在女人不停地自我怀疑的同时，男人就这样顺风顺水地上位了。他们是那么笃定自己即使错误百出也能成功骗过所有人，至少掩饰自己的缺陷并不在话下。领英的一项研究表明，当面对一个职位空缺时，男性更倾向于试试运气，"看看总没错"，而女性只会在确定自己适合这份工作时才出手。② 这也让我很是不满。

---

① 指总是把自己的成功归因于运气或巧合，而否认自己能力的心理现象。患有该综合征的人即使已获得了广泛的认可，依旧觉得自己的能力配不上现有的成就，感觉自己是个冒名顶替者。有研究显示，该现象在高成就女性当中较为常见。——编者注
② 杜波尔（Duport, P）：《招聘启事：女性的应聘频率低于男性》，2019年5月15日。参见：https://www.francetvinfo.fr/replay-radio/c-est-mon-boulot/offres-d-emploi-les-femmes-postulent-moins-souvent-que-leshommes_3425639.html

这样的结果给我们提供了教训，所有女性都应该马上停止自我贬低，勇往直前。每当陷入自我怀疑时，一定，一定记住扪心自问一句：如果换成一个普通的男人，他会怎么做？

说实在的，拥有像普通男人那样的自信，其实就是对我们自己更好一点。这个世界上有那么多在任何领域都不算拔尖的男人取得了成功，那么，或许我们也是时候放下对完美的执念，轻装上阵了。那些将孩子完全交给伴侣照看、自己去出差的男性，可曾因为内疚而彻夜难眠？那些与女同事发生冲突的男性可曾花两周纠结过自己的态度是否过激？我并不是说女性应该将对自身的要求降到大多数男人那样低的位置。我只是想告诉大家，不要再为自己无法成为"圣母"或是"神奇女侠"而自责了，我们应该允许自己像个正常人类一样，拥有瑕疵和缺陷。社会对男人的要求过低，对女人的要求却高得离谱。让我们保留人的基本权利，允许自己丑陋、脏乱、粗鲁、刻薄、易怒、邋遢、疲惫、自私、虚弱吧。

　　不要太把男人当回事，唯有如此，我们才能看穿他们的平庸和无能，才会敢于超越他们。不要理会他们的虚张声势，我们终将得到我们应得的位置。这是我们的权利。

异性恋的陷阱

Le piège de l'hétérosexualité

要求人们严格遵循异性恋法则，这是极其有害的，它不仅强制我们只能同男性产生恋爱关系，还因此迫使我们在毫无正当理由的前提下缔结契约关系。当然，这些关系中有爱情，我不可能否认爱情的存在。但爱情并不是，而且从来都不是，促使人们结为伴侣的唯一因素。

男孩和女孩从小就被教育：要有个爱侣。即使在年纪很小、这样的期待毫无意义的时候，他们还是会被问："你有小男朋友／女朋友了吗？"对于一个四岁的小孩来说，"有一个情侣"，无非就是"获得"一个称谓，你可以完全非理性地独自保守这个秘密，甚至不需要跟某个具体的人挂钩。我们从孩子很小的时候就教育他们，没有男朋友／女朋友是一件非常严重的事情——庆幸的是，我们同时也让他们明白自己"有的是时间"。但他们从来没有"不想恋爱"这个选项。女孩子被各种陈词滥调狂轰滥炸，从小浸淫在媒体一成不变的宣传攻势当中：沉睡的公主要等待王子的亲吻才能苏醒过来继续生活，形单影只的凶恶巫婆只能吞食别人的孩子。男孩子在成长过程中接触到的观点稍有不同，因为孤胆英雄的形象深入人心，孑然一身的男子可以成就大事，甚至拥有超能力。孩子们所接受教育的底层逻辑其实大致相同，但男孩拥有更多机会，发展其他的可能性。他们被环境影响的程度小一些，不太容易陷入令人沮丧、死气沉沉的孤独感中，因为他们的自我价值感并不取决于他们是否有女友或是妻子。他们还会被鼓励出去闯荡，成为生活的主宰，张开双臂全身心地拥抱自己的梦想，拼尽全力勇攀高峰。可小女孩呢，她们仍在等待迷人的白马王子出现。等长大一些，她们还会发现如果女人在一段浪漫关系里采取主动，就会被当作异类。（要是女人胆敢承认和表达自己的欲望，那简直就是离经叛道了。）

对于女性而言，和伴侣共同生活是一种必需，因为单身女性的价值在世人眼中会比依附男人的女性低上一等。单身无孩的女性被认为自私且刻薄，而已婚和已为人母的女性则可以肆无忌惮地展现她们的慷慨魅力和温柔天性。人们总是费尽心机地劝说女性同男人结合，认为这是对女性最有利的人生选择——她们一定要相信，孤独终生的老处女最后只能以猫为伴，如幽灵般阴森恐怖地漂在人世间。

然而，单身无孩的女人似乎是最快乐的一群人。[①] 这其实一点儿也不奇怪。当我们生活中的唯一精神负担仅仅同自身生活相关，而无须再忍受拥有一个无可救药的糟糕伴侣那种失望之情，显然

---

① 卡安（Cain, S.）：《单身无孩的女性更快乐：幸福专家如是说》，2019 年 5 月 25 日。参见：https://www.theguardian.com/lifeandstyle/2019/may/25/women-happier-without-children-or-a-spouse-happiness-expert

心情会变得畅快许多。行为科学教授保罗·多兰（Paul Dolan）将相关研究结果高度概括如下：

> 您看到一位单身无孩的四十岁女性（并对她说：）"唉，真遗憾呀，是不是？说不定哪天你就会遇到那个理想的男人了。一切都会改变的。"不会的，她可能遇到的是那个糟糕的男人。一切确实改变了。他会令她变得不开心、不健康，甚至可能会让她死得更早。

之所以不遗余力地将女人推向男人的怀抱，只是为了确保男人的快乐，或者说福祉。不断说服女性，告诉她们女性只有在一段异性关系中才能绽放自己的价值，这样做无疑是将她们逼进死胡同，只会让她们走投无路。她们将从此失去自信。

女性应当把单身生活看作稀松平常的一种体验，而不是惩罚。单身生活自有其优缺点，女性只要自如面对就会发现生命中没有哪个"男人"是必需的，无论他是谁。她们可以由此找回自主和自由。而如果她们找到了伴侣，也不会是因为她们需要有个伴侣，而是因为出现了她们真正愿意与之相守、互相成就的人。她们选择进入一段关系，绝不是因为单身是毒蛇猛兽般可怕的存在，更不是因为某位先生需要找个人来帮忙洗袜子和排日程。

异性恋是个陷阱。它默认亲密关系是必需品，是与生俱来的正常选择，丝毫不去质疑是谁赋予了亲密关系这种意义，以及这对于关系中的每一方分别意味着什么。一夫一妻制下的异性伴侣关系就像穿衣服或是早上骑车去上班那样理所当然。长久以来，女人都被诱导相信自己的人生只有在男人的介入下才有可能焕发光彩——即使这个男人没心没肺、游手好闲，甚至对你不闻不问——总而言之，无论如何都比单身好。

就让我们感受一下独立自主、只为自己而活的乐趣吧。不要盲目投入一段关系中，不要被陈规陋习束缚了手脚，不要再视单身为噩梦了。我们需要建立的，是牢靠、深厚而又真挚的非恋爱关系网络。我们可以被爱自己的人包围，而无须结为伴侣。明晰我们的界限，确认哪些是可以接受，哪些又是无法容忍的。让所有人都知道这些界限的存在。当然，并非所有异性恋爱关系都是有害的（我是个乐观主义者），我们可以满怀希望地期待，愿自己有幸遇到值得建立恋爱关系的伴侣——就像所有理想的人际关系那样——在那段关系中，双方不是出于对另一半的占有和索取，而是基于尊重、聆听与相互支持。最为重要的是，真正理想的伴侣必须能够理解我们女性关系网络的重要性。

姐
妹

Sœurs

早些年，少不更事的我常常吹嘘自己与众不同，和其他女孩不一样。我对女性群体并没有太多共情，身在女人堆里对我来说并不自在。我总是喜欢跟男孩子待在一起，装出一副很酷的样子。还有什么比公然嘲讽"那帮女孩"更酷的事呢？这些男孩周围就像是罩着一道特别的光环一样，当他们的哥们儿显然要有趣得多呀。不过，我很快就发现，自己在过于男性化的环境里也不大好受，这或许因为有些男人正是利用我想要取悦他们这一点，来占我的便宜。但无论如何，我还是想方设法地跟"那帮女孩"保持距离，希望融入男人堆，唯唯诺诺地跟他们做朋友。

一面是我们骨子里信赖男人、想取悦男人的习惯，一面是冷峻的现实，我们该何去何从？我们都或多或少地认识生活里遭到性别歧视的女性。如果任由德不配位的男人为所欲为，我们根本无法为身边的女性朋友提供保护。如果继续把男人理想化，那么不管付出多少努力、无论怀抱多少善意，我们能够给予的帮助始终会与女性朋友们的期待存在差距。

我决定，从今以后的首要任务，就是确保自己坚定不移地站在周围女性的身边。我希望她们能够在我的陪伴下感到安全；我希望她们知道，如果不幸沦为性别歧视的攻击对象，我将永远站在她们那一边。我信任她们，不会对她们向我袒露之事的真实性产生哪怕一秒钟的质疑。我绝不会对她们所遭遇的一切嗤之以鼻，更不会认为她们应当为自己的不幸承担责任。即使认识侵害的始作俑者，那也只会让我更愿意为受害者发声。我想要对她们说，不要担心我会给加害者找借口，不要害怕我会不惜一切地与侵犯者保持联系。我拒绝与认为侵犯（如伴侣之间）不过只是观念不同或是隐私问题的人为伍。

当务之急是成为女性值得信赖的人，而不仅仅在她们遭受精神创伤抑或处于至暗时刻才出现。我将女性团结视作行事指南，因为在我的周围，到处都是开朗阳光、才华横溢、激情四射而又活力无限的女性，她们值得我全部的支持与爱护。我愿意为她们，也为所有女性，贡献自己的力量。男性不需要我的支持也能自洽，他们对自己的人生选择和价值信心百倍。而在女性关系中，我们能感受到不言自明的互助情谊。我知道，我可以完全信赖每一位曾经被我施以援手的女性朋友。我知道，当自己意志消沉、自我怀疑或是有什么无法独自承受的不幸降临时，只要掏出手机，我便能从女性朋友那里得到同样的支持。

我不可能对自己身边的男性说同样的话，尽管他们已经足够友好。他们的同理心、倾听力与关注力都是有限的。男人们想要带来的是解决方案，是将所有问题都处理掉，是让我的痛苦变得合理化。但事实上，很多时候我需要的不过只是一只善于倾听的耳朵和一个可以靠上去尽情哭泣的肩膀。有时我在想，男性这种以方案提供者（救世主）自居的倾向，即使是无心的，会不会也不过是企图让我闭嘴而已。

　　长久以来，我都将男性摆在第一位：他们占据了我的全部时间，却并没有给予多少回报；他们不断要求我按照他们的标准变得更好，却从没想过为我的标准努力改进他们自己。我终于明白，我为他们让渡了太多自己的生活空间，但我在他们的生命里从来不是优先考虑的对象。其他男性受到的尊重比我多得多。因此，如今的我选择以女性为先。在读的书、看的电影、吸收的所有资讯以及日常交往中，我都将女性摆在前列，不再将男性看得太重。这份女性情谊令我感到安心，它支持着我，滋养着我成长。包括我的创造力，我的斗争精神，我对自己与社会的思考等方方面面。终于，我彻底明白，我的自我建构并不需要男人。

赞美『特百惠聚会』
『睡衣派对』与
『女孩俱乐部』

Éloge des réunions Tupperware,
des soirées pyjama et de nos girls' clubs

女性聚在一起宛如女巫们的狂欢。

原本这类不具备政治意义的活动在男人们看来是毫无价值而又幼稚可笑的，但作为斗争载体后，这些聚会对男性而言变得排他且充满威胁起来。因此，男人们不遗余力地阻挠我们聚集。仅限女性参与的活动引起了男人（尤其是最有权力的那一群）的强烈反感，但他们从未想过离开那些将女性以及所有他们眼中的异己排除在外的团体，那些团体自他们手握权力那一刻起便长期存在。这种男人往往还惯于占便宜，常常不请自来，在各类聚会上丝毫不讲礼貌地白吃白喝。他们怎么受得了被我们的圈子远远排除在外呢？即使与自己毫不相干，他们也恨不得插上一脚。

使我们透不过气来的有毒男子气概形成于封闭的男性圈层。从足球俱乐部到美式兄弟会（在法国相对应的组织是医学院学生会等）再到英雄联盟，以及全世界大部分决策机构，只要放任男人自行其是，他们便会展露最糟糕的一面。表面上，他们只是在共度快乐时光，互动消遣、互帮互助。而实际上，他们是在不断强化自己的男子气概，以扩大权力范围、巩固男性关系网络等雄性斗争中的一切。这种斗争更像是混乱的大型斗牛现场，因为反正在过程中受伤的从来都不是他们自己。如果他们的"男孩俱乐部"也必须忍受女性和少数群体的一片嘘声才能建立，他们还会不珍惜吗？他们不可能受到什么伤害的，即使有也少之又少。

男人们一边形成自己狭隘而有毒的男性小圈子，一边破坏我们和我们与同胞的联结。当他们对我们纯女性的女性主义群体感到愤慨时，他们真正批评的，是我们作为一个政治团体聚在一起，而他们在其中没有发言权。女人们在一起聚会并不会让他们如此震惊：如果只是编织俱乐部、妈妈群或是特百惠聚会，他们是不会在意的。让他们无法忍受、气急败坏的，是我们组织起来、站在一起，形成了一个政治团体，是我们在其中碰撞出思想与行动计划。当然，更因为我们无视他们的重要性。

我们这些"女性时刻"让男人阴阳怪气、嗤之以鼻，好像它们只是在表明女性的肤浅本质——说得好像一边喝威士忌一边玩扑克是多么智慧、多么深刻似的。但，我们的这些女性时刻绝不愚蠢，也绝非毫无用处。我们的编织俱乐部和睡衣派对很重要，也很了不起。

女性团结绝非毫无价值，它始终具有政治意义。如今的我们要高声宣扬女性的团结，要将其书写到我们的标语牌上。这并不是说这个概念有多么新颖，而是它终于得以走出阴影、重见天日。我们终于可以要求长久以来被男性排除在外的权利了。男人们不遗余力地让我们彼此分隔，进而远离公共舞台及政治领域。在过去，他们是公开这么干的；到了今天，他们依然死性不改，只是变成偷偷摸摸的了。他们嘲讽我们的女性聚会，当着我们的面贬损这些活动的价值，企图让我们相信，只要有他们的陪伴，就足够了。

我们在女性空间中，孕育的是姐妹情谊。我们可能谈论服饰、烹饪或时尚这类看似肤浅轻松的话题。这些兴趣爱好并不因为与女性有关就一无是处，或者活该被嫌弃。不能因为男人觉得平底锅是女人的玩意儿，我们就不再热爱自己真正倾心的东西，就从此丧失自我解放的希望。在这所谓的肤浅表象背后，是我们正在书写的强有力宣言。

我们有能力创造属于自己的时间和空间，在这些时间和空间中，不以男性的利益为先。他们只能飘浮于我们的视野之外。非必要，不出现。我们可以自由自在地对他们评头论足或是避而不谈，我们有的是话题可以聊，关于世界，关于我们自己的生活。我们可以在这片时空里获得真正形而上的滋养，这才是我们迫切需要的。因为在这个"无男之地"（no men's land）的真空地带，我们的恐惧、快乐和愤怒情绪得以存在。我们尤其要警惕被分化，这个世界有的是人想要让女性彼此对立。

女性同胞们，让我们团结起来！我们联合的力量是足以强大到令人生畏的。

我认为，我们不应该再惧怕唤醒和表达我们的厌男情绪。讨厌男人及其代表的一切，这是我们最起码的权利。这也是一种欢欣鼓舞的体验。谁能想到厌男能让我们收获如此多的快乐？我相信，这样的情绪不会像男权社会所宣称的那样，让我们变得尖酸刻薄抑或孤立无援。相反，厌男会以各种形式为我们开启关爱女性（及我们自身）的大门。而我们需要这份关爱、这份姐妹情谊来实现自我解放。

后 记

　　谁能预料到这本书的命运呢？反正我在写的过程中是肯定没有想到的。它最初只是一份发行量极小的随笔，如今却成为你们手中的口袋本，而且已经被翻译成十八种语言[①]。一本首印数只有四百五十的小册子，是如何在不到一年的时间里变身为国际畅销书的？

　　《我，厌男》在 Monstrograph 出版社首发时，一位来自法国性别平等部（真是槽点满满）的官员看到书名和言简意赅的广告语后怒不可遏，于是试图利用职权勒令出版社下架这本书。各大媒体纷纷

[①]此处为截至 2022 年的数据。——编者注

以"审查"及"禁止"等词描述此事，但需要澄清的是，事情的真相并非完全如此。在法国，禁止一件文化产品是需要经过特殊流程的。我们旷日持久地为表达自由奔走呼号，也应当懂得区分违法的界限到底在哪儿。当女性活动分子占领影院阻止波兰斯基的新电影上映，或是发起请愿让人们警惕某本包含种族歧视刻板印象内容的书籍，这并不属于审查：这是一种政治行动。一个男人利用自己在政府部门工作的职务之便，发邮件威胁要对一家小机构提起司法诉讼，这也不是审查：这是恐吓。

这番操作激起了巨大的"史翠珊效应"[①]：我的书不但没有被"取消"，反而被彻底放到了聚光灯下。短短几天内，全球数十家媒体争相报道此事。外国记者们惊掉下巴。难以置信！在法国，居然有人仅仅因为书名就企图禁止一本书的出版发行？这

① 史翠珊效应（Streisand effect），指本意是为试图阻止大众了解某些内容或压制特定网络信息，结果适得其反，反使该事件为更多人所了解的现象。——译者注

个启蒙运动的发源之国难道要将照亮理性的灯泡烧毁吗？这种事居然发生在自己身上，这让我错愕不已（因为我并非公众人物，而且时至今日还在纳闷，到底这本书是怎样引起一名国家行政部门的官员注意的），但诸如此类的权力滥用行为却是屡见不鲜。这一事件正好佐证了女性主义活动家们多年来强调的问题——法国社会仍然不能忍受关于男性及男权的批评言论。更糟糕的是，他们甚至都不能接受女性的公开政治表达。

取消文化 vs 沉默文化

我在前文中用到"取消"这个词，是故意为之的。社交网络和许多较为保守的媒体上，那些长期拥有话语权的人定期就会上去咆哮一番。在他们看来，所有类型的左派分子——女性主义者、环保主义者、反种族歧视者，等等——都是苛刻的"取消文化"的煽动者，都意图毁掉只是不慎失言或犯下小错之人的整个生涯。大量文章都在抨击这类"取消文化",但事实上它并未带来多少实质性的影响:强奸犯仍在登台领奖,杀人凶手依旧出现在杂志封面上,性骚扰惯犯还能在企业身居高位①。我们需要强调的,也应该被人们听到的,是所有那些遭到暴力抵制的声音,这正是苏珊·法吕迪(Susan Faludi)在其 1990 年的作品《反挫》(*Blacklash*)中揭示的问题。

随着这本《我,厌男》的相关新闻在全世界发酵,我开始了自己漫长的迷途之旅。长达数月的网络暴力让我从一个自得其乐的无名小卒,变成了千夫所指的箭靶,势头之凶猛有时甚至动摇了我对人性的基本信仰。每当书被翻译成一种新的语言,我便会收到全新的辱骂性词汇。我从没上过意大利文、匈牙利文或是西班牙文的课程,却已然学会了太多令人难以承受的他国脏话。

---

① 法国调查媒体 Mediapart:《"取消文化"并不存在》,2020 年 10 月 6 日。参见:https://www.mediapart.fr/journal/ france/0610 20/la-cancel-culture-ca-n-existe-pas

在这几个月的暴力攻击下，我总想要缩到自己的保护壳里。我拒绝了媒体曝光和各类邀约，关闭了自己的线上社交账号，回到了自己本就不愿离开的阴影之中。我常常想到所有那些最终不再发声的女性，无论她们是否曾出现在媒体上。成为一名敢于发声的女性在当今世界依旧是有风险，甚至危机四伏的。我只是个微不足道的小人物，写了一本毫不起眼的书，就已经见识了：

· 一名男性试图利用职权让我的声音不再被人听到；

· 部分媒体滥用我和我亲朋好友的照片，想要将我拉入泥潭；

· 数百名愤怒的男性将他们的仇恨和暴力发泄到我的邮箱、私信、推特和 Instagram 评论区里，暴力、强奸、死亡、性别羞辱及 / 或反同性恋辱骂应有尽有；

· 这些男人为了制作网暴视频无所不用其极。他们将我的头像 P 成希特勒的样子；从谷歌图片库里扒下我的照片，对我的相貌极尽羞辱之能事……

时至今日，我依然每天都会收到污言秽语。而我心知肚明的是，自己遭遇的这些与其他女性、其他少数群体遭遇的暴力得多的攻击相比，简直不值一提，根本不算什么。但即便如此，我已经无法承受，想要从这个地球上消失了。

我们必须重新考虑所谓"取消文化"的背景，因为无数女性和少数群体难以在线上畅所欲言，唯恐遭到像我那样的暴力惩罚（这样的恐惧无可厚非，而且三不五时就会出现）。面对"取消文化"，女作家罗克珊·盖伊（Roxane Gay）提出了"后果文化"（consequence culture）[①]：是时候让强势一方为他们的权力滥用承担实际后果了。而对于那些从未拥有过发言权的人，我们什么时候才能让他们的声音被听见？我们中那些占尽优势的人，何时才能不再

[①] 施瓦茨（Schwartz, M.）：《罗克珊·盖伊称"取消文化"并不存在》。参见：https://www.motherjones.com/media/2021/03/roxane-gay-says-cancel-culture-does-notexist/，2021 年 3 月 5 日。

阻止弱势群体发声,让他们打破沉默,分享其亲身经历与想法创意?

在热带的阳光下

从一个籍籍无名的"小透明"到几天之内便被彻底曝光在吹毛求疵而又充满敌意的媒体环境之下,这样的经历实在匪夷所思。我变得多疑起来,拒绝了很多邀请,唯恐被粗暴对待。这并不是胆小怕事或者被迫害妄想症:只需要看看阿丽丝·科菲、罗克哈娅·迪亚洛及卡洛琳·德·哈斯①这些

①阿丽丝·科菲(Alice Coffin),法国及国际LGBT团体和女权运动核心人物之一,为LGBT记者联合会、欧洲女同会议、女同普遍利益(LIG)等组织的联合创始人,其代表作《女同特性》(*Le Génie lesbien*)有力推动了法国女性主义的发展。罗克哈娅·迪亚洛(Rokhaya Diallo),法籍塞内加尔裔记者、作家和积极反对种族主义的活动人士,曾荣获"反种族主义和歧视斗争"奖,2013年被美国《石板》杂志(*Slate*)评为一百位最具影响力的法国女性之一。卡洛琳·德·哈斯(Caroline de Haas),女权斗士及女性主义活动家,在法国发起过大量女性主义抗议动员活动,并于2018年创立了"我们全体女性"(#NousToutes)团体。——译者注

女性主义活动家长期在政坛或媒体上遭受的对待，就足以让人对她们所处的位置望而却步了，更何况我当时完全没有做好战斗准备。但与此同时，我还是想要捍卫自己的作品，想要谈论女性主义、激进主义、男性地位和女性团结。周围发生的一切让我明白，机不可失，这些话题是有群众基础的。

我在法国国内与国外收到的反馈不尽相同。法国媒体把我当作名不见经传的年轻女孩看待，认为我并不是传统意义上的好女孩。至于这本书引发的热议，他们切入的角度也相当刁钻：将我塑造成有些幼稚的人物，认为我对自己想要表达的内容不甚了了，不过带来了一阵骚乱罢了。如果版面还空出些位置，他们可能会问我几个无关痛痒的小问题，向读者证明我并不是个歇斯底里的泼妇。显然，我不会认为这是所有男性的问题吧？我肯定有父亲，甚至还有丈夫吧？他们如何看待我的作品呢？在法国媒体报道的字里行间，我的表达常常只剩下尖刻批评的部分。

而到了国外，情况则有所不同。女性杂志（其读者通常被认为温和又肤浅）及国家级日报（其读者通常被认为严肃又阳刚）都显得谨小慎微，而我突然间在这些媒体上化身为年轻一代的女性主义者，这也是我认为真正名副其实的定位。在巴西版《嘉人》、美国播客和意大利电视台，我得以表达那些最为重要的观点，讨论那些最为紧要的话题。这跟在法国的感觉完全不同。身在法国时，我深切体会到女性话语有被抨击的倾向。无论她们去哪里，不管她们说什么，只要不顺着男权的方向，就会遭到否定。

但无论如何，这本书重印后，在法国随笔作品销量榜前二十的位置待了两周，齐齐出现在榜单上的还有阿丽丝·科菲的《女同特性》（*Le Génie lesbien*）、劳伦·巴斯蒂德（Lauren Bastide）的《在场》（*Présentes*）、吉赛尔·阿丽米（Gisèle Halimi）的《顽强的自由》（*Une farouche liberté*）、蕾雅·萨拉梅（Léa Salamé）的《女强人》（*Femmes puissantes*）以及莫娜·肖莱（Mona Chollet）的经典作品《女巫》（*Sorcières*）。在那段时间里，至少有六部女性主义著作跻身畅销书排行榜。这绝非无足轻重的存在。这也不是某位不知名女性偶然写出的夺人眼球的爆款书。这足以说明些什么了，不是吗？

适逢其时的表达

我想要说的是，尽管存在系统性、结构性的缄默，尽管女性主义并不被认为是能够（并且应该）被全方位研究的领域，女性依然希望，甚至渴望，以无论什么形式表达女性主义内容。随着大量书籍、播客、短视频、newsletters 以及专属于女性和少数群体的节日活动等涌现出来，我们的表达变得越来越有底气，影响力也越来越大。

很多人认为我的书还只是蜻蜓点水，完全不够革命。我深表赞同。我从没想过自己有能力写出一大堆女性主义理论，这本书里也并没有什么新鲜的东西。我所提出的只是许多女性思想家长久以来一直申明的传统。这本书在无数更博学、更详尽、更全面的女性主义著作面前，只是个"小朋友"而已。它唯一的优势或许在于价格便宜些、读起来轻松些。它是一扇敞开的大门，里面的那个世界集想象与实际、虚构与理论于一体，静候好奇的女性（和男性）前来探索。

而这本书一经推出便引起如此强烈的共鸣，在全世界（从圣奥梅尔到波哥大、从约翰内斯堡到纽约）十五至七十七岁女性中持续产生影响，这足以说明当下正在发生着一些弥足珍贵的变革。这或许是我们所有女性都将滑向的断层，那是一道父权制开始土崩瓦解的缝隙。只要我们坚持不懈地发动进攻，他们失败的一天终将到来。

在接受采访时，我常被问到一个问题：如何看待 #MeToo 运动之后这个女性的怒火似乎并未消减的时代。最终我找到了自己的答案。（我花了很长时间思考这个问题，很明显，我写得比说得要好。）

我认为，我们正处在一个前所未有的关键时期。面对日复一日的威胁，我们斗争得身心俱疲，随时（尤其是我们中那些条件优越的女性）可能缴械投降，满足于现有的一切。如果那一天真的到来，我们就彻底输了。因此，我真正希望的，是女权活动家贝尔·胡克斯（bell hooks）口中的女性情谊与政治团结，是让老学究们心神不宁的女性意识转变，是我们彼此间（终于？再度？）培养起来的同理心，这些都是我们坚强的后盾。每当我们中有人感到疲惫时，应当有数十只手伸出来把她扶起，将她抚慰，让她重新振作。

他们在颤抖。

请你们记住：是我们让他们颤抖起来了。

他们正在坍塌，而我们很快就可以在旧世界的废墟上跳舞了。

致　谢

　　感谢科琳（Coline）和马丁（Martin）建议我写这本书，由此也实现了我儿时的一大愿望。我由衷地感激他们的所有意见和批评，谢谢他们信任我，不断同我进行思想碰撞。我要向阿娜伊斯（Anaïs）致敬：没有她，我很可能永远也写不出任何严肃的作品；有她这样的朋友和写作搭档，真是三生有幸。还要感谢露西（Lucie），她审阅了本书的开头部分，并给出了相当严格和宝贵的意见；好巧不巧，她也是我的好朋友。无比感激我的姐姐玛丽安娜（Mariane），在我深陷焦虑时（写作本书期间我经常处于这种状态）她总是陪伴在身边，这份姐妹情也让我倍感骄傲。

我还要发自内心地感谢我的女性朋友，利蒂希娅（Laetitia）、内普茜（Nepsie）、贝内（Béné）和莎拉（Sarah），她们的热情和支持总能帮助我重树信心。感谢许多女性团体让我在疫情封控期间得以保持心理健康：我们的线上女孩俱乐部简直是上帝的恩赐。我向同性别歧视及性别暴力做斗争的"逃亡者"女性团体致以敬意：她们乐于贡献、勇敢激进、温柔善良，无论是她们个人还是她们团体，都为我提供了源源不断的激励与灵感。

发自内心地感恩所有令我钦佩的女性写作者和女性主义者，感谢在我遭遇重重困难之时伸出援手的女性同胞。在姐妹情谊的陪伴之下，我深感温暖。感谢以下所有人，她们是：利恩·阿莱斯特拉（Léane Alestra），佩内洛普·巴吉厄（Pénélope Bagieu），劳伦·巴斯蒂德（Lauren Bastide），阿娜伊斯·布尔代（Anaïs Bourdet），阿丽丝·科菲（Alice Coffin），克洛迪娜·科尔达尼（Claudine Cordani），科琳·沙尔庞捷（Coline Charpentier），克罗艾·德洛姆（Chloé Delaume），塞伊（Cy.），桑德兰·德洛弗尔（Sandrine Deloffre），萨布丽娜·埃兰·金（Sabrina Erin Gin），索菲·格利奥卡斯（Sophie Gliocas），弗洛朗斯·艾诺（Florence Hainaut），伊雷娜（Irene），罗丝·拉米（Rose Lamy），米莉娅姆·勒鲁瓦（Myriam Leroy），米里昂·马莱（Mirion Malle），埃洛迪·尚塔（Elodie Shanta），埃莉斯·蒂埃博（Elise Thiébaut），伊拉娜·魏茨曼（Illana Weizman）。

在这个版次中，我要特别对朱莉·菲尼多里（Julie Finidori）表达万分感谢。作为一名经纪人，她非常优秀，从未放弃对我的支持。

我要满怀爱意地感谢马蒂厄（Mathieu），他对我的信任甚至超过了我自己。

当然，还要感谢小十一（Eleven），它是全世界最可爱的小猫咪，是我黑夜里的灯塔。（你在乱抓窗帘时也那么可爱。）

拓展阅读

如果有读者想要了解如何在生活中尽量少地受到男性的影响，我在这里列出一张短短的资料清单，里面或多或少都巧妙探讨了男性霸权问题。这些书籍、播客、电视剧和电影常常多管齐下，将女性群体更加紧密地联结在一起。是巧合吗？我不这么认为。

图书

● **书名：《我们这些不知从何处来的女孩》**（*Nous les filles de nulle part*）

作者：埃米·里德（Amy Reed）

一部面向青少年的作品，赋予今天的年轻女孩们勇气与力量，让她们敢于同看似坚不可摧的势力做斗争。书中反对强暴及与性别相关之禁令的呼吁，振聋发聩。

● 书名：《"女巫"：不可战胜的女性》（*Sorcières: La puissance invaincue des femmes*）

作者：莫娜·肖莱（Mona Chollet）

一部已无须多做介绍的畅销作品，强调孤勇与女性情谊的重要性，鼓励女性敢于为自我而不是任何他人而活。平和优雅地老去，拒绝母职，探究古老的智慧……这些都是不错的选择吧？就让我们当个女巫吧！

● 书名：《森林深处》（*Dans la forêt*）

作者：让·赫格兰德（Jean Hegland）

一部出版于上世纪末的后末日小说，书中设想了一种没有男人、没有资本主义的生活，让女性同自然和姐妹更加贴近。虽然那样的生活也并非完美，但至少会平和一些。

● 书名：《在路上：我生活的故事》(*My Life on the Road*)

作者：格洛丽亚·斯泰纳姆（Gloria Steinem）

这是美国最伟大的女权主义领袖之一格洛丽亚·斯泰纳姆的自传，她始终强调在与男性的关系中保持独立，并关注建立同其他女性的联系。这本书也是了解女性主义发展史的理想选择！

播客

● 节目名：《生态女性主义之二：找回领地》(*écoféminisme, 2e volet: Retrouver la terre*)

播客名：一个属于自己的播客（Un podcast à soi）

这一讨论生态女性主义话题的第二部分内容，主要围绕纪录片《女人之地》(*Terres de Femmes*) 展开。在《女人之地》里，女同性恋者及异性恋者过上了团体生活，远离男性的凝视与期待。令人深感解脱的作品。

● 节目名：《女性主义与虚构：自我重建》
（*Féminisme et fiction: se réinventer*）

播客名：三个点（Les Trois Points）

这一偏极端自由主义的播客对男性地位以及男性在社会活动中的理性主义提出质疑。节目认为，应当为想象力创造空间，这样才能重建各种可能性。想象力是女性的超能力。

电视剧

● 《性爱自修室》
（*Sex Education*）

在这部剧集中，年轻女孩的个性得到彰显，她们彼此欣赏，在屏幕里大放异彩。她们之间的友谊美好而坚固，不断促使彼此变得更好。至于男孩，他们学会了如何与人交流，如何做到对自己和他人都以诚相待。

● 《处女情缘》
（*Jane the Virgin*）

在五季的剧集中，《处女情缘》为我们展示了最美好的女性关系。在这样的关系里，男性也有权感受和表达情绪。

● 《美女摔角联盟》

(*GLOW*)

根据《摔角界美女》(*Gorgeous Ladies of Wrestling*)节目的真实故事改编，这部剧集的内容及女性角色令人惊叹。母职、婚姻、野心、独立、梦想……这些贯穿女性一生的问题剧集中都有所涉及。

电影

● 《燃烧女子的肖像》

(*Portrait de la jeune fille en feu*)

瑟琳·席安玛（Céline Sciamma）为我们展现了一个远离男性的世界。爱体现在女性爱恋以及女性情谊之中。三名女性在一座与世隔绝、远离纷争的孤岛上相互支持，勇敢生活。

● 《油炸绿番茄》

(*Fried Green Tomatoes*)

影片改编自芬妮·傅雷格（Fannie Flagg）的小说，讲述的是 20 世纪 20 年代阿拉巴马地区的一段动人故事，女性之间的美好友谊在其中一展无遗，同时也探讨了处于不幸婚姻中的家庭妇女如何寻找意义。

- **《一个唱，一个不唱》**
  (L'une chante, l'autre pas)

  与阿涅丝·瓦尔达（Agnès Varda）的其他作品一样，《一个唱，一个不唱》的意涵如金子般宝贵。20世纪 70 年代，在争取自愿流产免受处罚的抗争中，女性相互扶持，牢固的姐妹情谊战胜了包括时间在内的一切考验。

- **《疯狂的麦克斯：狂暴之路》**
  (Mad Max: Fury Road)

  这一深受钢铁直男推崇的后末日系列电影此番改头换面，聚焦到女战士弗瑞奥萨身上。她以启示者之名带领一众女性同胞为拯救自我而战。至于沉默寡言的麦克斯，他说出的每一句话无不振奋人心。